राहुल पार्ट-2
STORY OF MY LIFE

राहुल

Made with ♥ on the Notion Press Platform
www.notionpress.com

Enter Caption

क्रम-सूची

प्रस्तावना

Enter Caption

भूमिका

My life story 1 part Hello friends
my family story My name is Rahul Singh
I am 22 years old My father name is Surinder Singh
My mother name is Rajni Kaur
My brother name is Deepak Singh
My bhabhi name is Charu Kaur
My baby girl name is naira Singh
Part 1 lesson my life story

आमुख

Hello guys Mera dream hai YouTuber Banna
Agar aapko bhi YouTubeber banna hai
to khoob mehnat karo Hello friends agar
aapko successful life chahiye chhote se shuruaat
karo dheere dheere aap guys aap use Manjil Tak
jao Jo YouTube ke koi rok Na paye jab tak aapke
maa baap sath hai koi duniya ki takat aapko
rok nahi sakti

1
RAHUL PART-2

MOTHER LIFE STRUGGLE STORY

Tune to rula kar rakh Diya jindagi ja meri maa se poochh kitne ladlay they ham love you miss you mom

baat yah nahi hai subah der se uthana koi rokan wala nahin Hai

baat to bus yah hai subah der se utho na koi thokne wala nahin hai

love you mom miss you mom

Ghutno ki ring pay main kab bada hua Teri Mamta ki chaaw pay kab mai bada hua meri maa ke rahte

mujhe koi gam nahin hota

Balaou mai bhi meri maa ka pyar Kam nahin hota i love you mom miss you mom.

2
Part 2

Rahul Singh mix story

har din har Raat yea zakhmo ke sath jita hun sharab

To bahana hai mai tere liye gam pita hun meri kismat ko itna mukam mil jaaye jab jab Teri yad aii cigaret ki dukaan mil jaaye.

Tum mujhe Milo ya Na milo yah to kismat ki baat hai agar mai koshish bhi nahi karu yah to galat baat hai.

Na tere aane ki Khushi Mili Na tere jaane ka gam zamana beet Gaya jab hum tere deewane the ham

Kisi Ko Daulat kisi ko shohrat dikhai deti hai mujhe apni Maa ki Mohabbat dikhai deti hai .

Bhari sardi mei barish ne bhi mujhe bhigo Diya meri man ne mere aankh per aansu dekha maa ne bhi ro Diya

3

Part 3

Kisi ko bhi mushkil se koi Hal nahi milta Shayad voo Apne maa ka pair chhuka nahi nikalta.

kandhon pay chot hai unki tum apno ko dabate Ho baap ko ashram chhor aate Ho Manzil door hai Safar bahut hai choti si zindagi ki fikar bahut hai kab ki maar dalti duniya hame

Meri maa ki duaon mein asaar bahut hai .

Enter Caption

www.ingramcontent.com/pod-product-compliance
Lightning Source LLC
Chambersburg PA
CBHW021200130726
47988CB00004B/1706